Bibi & Tina

EINFACH ANDERS

Das Erstlese-Buch zum Film

Bettina Börgerding und Wenka von Mikulicz

ab 6 Jahren

Mit vielen Fotos aus dem Film!

Klett Lerntraining

Bibliografische Information der Deutschen Nationalbibliothek
Die Deutsche Nationalbibliothek verzeichnet diese Publikation
in der Deutschen Nationalbibliografie; detaillierte bibliografische
Daten sind im Internet über http://dnb.dnb.de abrufbar.

Dieses Werk folgt der neuen Rechtschreibung und Zeichensetzung.

1. Auflage 2022

Fotos: © 2022 BIBI & TINA – EINFACH ANDERS / DCM
Andreas Schlieter: S. 6, 19, 21–26, 29, 30, 32, 38–43, 48, 50–53, 57, 66–68
Clara Marnette: S. 9, 11
Niklas Heinecke: S. 12, 13, 15–18, 27, 28, 34–37, 45, 47, 63–65
Shauna Summers: S. 55, 59–61, 70–73

   Uns gibt es auch auf YouTube
/Bibi und Tina TV

Autorinnen: Bettina Börgerding, Wenka von Mikulicz
Redaktion: Sandra Meyer, Ludwigsburg

Satz: tebitron gmbh, Gerlingen
Druck: Aumüller Druck GmbH & Co. KG, Regensburg
Bindung: Conzella Verlagsbuchbinderei Urban Meister GmbH & Co KG, Pfarrkirchen
Printed in Germany
ISBN 978-3-12-949712-8

Inhalt

Meteoriten

Bibi und Tina sitzen draußen auf einem großen Heuwagen. Sie schauen in den funkelnden Nachthimmel. Zwischen ihnen steht ein Teleskop. Damit kann man die Sterne näher betrachten. Wie klein die Menschen doch gegen die unendlichen Weiten des Universums sind!

In diesem Moment kommt Alex auf den Hof geritten. Er springt von seinem Pferd Maharadscha und klettert über eine Leiter zu den beiden auf den Wagen.

Besorgt erkundigt Tina sich nach Graf Falko. Alex' Vater ist völlig unerwartet verhaftet worden. Alex beruhigt sie: „Dagobert ist bei ihm im Gefängnis. Leider weiß man noch nicht, warum er eingesperrt wurde. Aber morgen wird er wieder freigelassen."

Plötzlich unterbricht Bibi die beiden. Sie hat etwas Unheimliches entdeckt. Am Himmel glimmt es. Es sind Meteoriten. Sie kommen direkt auf den Martinshof zu.

Bibi und Tina springen erschrocken auf.

„Bibi! Notfall!", ruft Tina aufgeregt.

Bibi erhebt die Arme zum Hexen: „Eene meene dort, starker Schutz sofort. Hex-hex!"

Über ihnen ploppt eine Schutzhülle auf. Sie sieht aus wie ein riesiger Regenschirm. Die Meteoriten werden davon abgelenkt und landen in einem Feld. Puh! Das ist gerade noch einmal gut gegangen.

Mitten in dem Meteoriten-Hagel ist auch ein kleines Raumschiff unterwegs. Ein Wesen sitzt darin, mit großem Kopf, großen Augen und einem breiten Grinsen.
Sein Raumschiff wird ebenfalls von einem der Meteoriten getroffen. Eine silbrige Box bricht dabei ab und taumelt durch das Weltall. Sie kommt der Erde immer näher. Was nun?

Die neuen Ferienkinder

Am nächsten Tag kommen auf dem Martinshof die neuen Ferienkinder an.
„Die sind ganz schön groß, fast schon erwachsen", meint Tina.
Auch Bibi hat sie sich irgendwie jünger vorgestellt.

Piet, der sie auf den Martinshof bringt, stellt sie vor: „Das sind Disturber, Silence und Spooky. Sie kommen aus dem Internat *Einfach Anders.*"

> Auf Seite 75 kannst du nachschlagen, wie du die blauen Wörter aussprichst.

Disturber, das große Mädchen, heißt eigentlich Marie-Therese. Aaron hat auch einen Spitznamen. Er wird Silence genannt, weil er kein Wort spricht. Und Alyssa nennt sich Spooky. Sie interessiert sich für übernatürliche Dinge.

Piet drückt Holger eine Akte in die Hand und geht. Auch er freut sich auf die Ferien.

Disturber baut sich lässig vor Bibi auf: „Ach so! Du bist diese Hexe, von der alle immer erzählen. Die mit dem Lächeln, die alle mögen ... Hex-hex! Und das ist deine stinknormale, langweilige beste Freundin, neben der du nach etwas ganz Besonderem aussehen kannst."

Was für eine Begrüßung! Tina ist empört. Aber Bibi lässt sich nicht provozieren. Sie umarmt Tina. Was gibt es Schöneres, als beste Freundinnen zu sein!

Holger bringt die Neuankömmlinge auf ihre Zimmer. Frau Martin liest in der Akte.

Silence hat seine Eltern bei einem Verkehrsunfall verloren. Bibi überlegt, ob er deshalb nicht mehr redet.

Frau Martin ist besorgt, ob sie sich übernommen haben. Als Holger zurückkommt, ermutigt er seine Familie: „Alles, was wir brauchen, ist Empathie!"

Bibi und Tina schauen ihn fragend an.

„Ja! Die Bereitschaft und Fähigkeit, sich in andere Menschen einzufühlen", versucht Holger zu erklären.

Die Reitstunde

Bibi, Tina und Holger kommen mit den Pferden Allegro, Flecki und Tricky auf den Reitplatz. Spooky will aber nicht mitmachen. Sie möchte die Meteoriten suchen, über die in ganz Falkenstein gesprochen wird. Holger vertröstet sie auf später.

Als Erstes sollen sie herausfinden, welches Pferd zu wem passt. Silence geht zu Tricky, der an seiner Hand schnuppert. Spooky nähert sich vorsichtig Flecki. Sie hat ein wenig Angst, da Flecki ganz schön groß ist.

Aber Tina beruhigt sie. Flecki ist ein besonders freundliches Pferd.

Disturber geht zu Sabrina und ruft laut: „Das Pferd will ich reiten!"

Bibi ist sauer. Dieses Mädchen auf ihrer Sabrina? Sie wendet ein: „Sabrina ist nichts für Anfängerinnen."

Doch Disturber widerspricht ihr. Woher soll Bibi wissen, ob sie eine Anfängerin ist?

Genervt nimmt Bibi Sabrinas Zügel in die Hand. „Oh!", grinst Disturber. „Die Hexe zeigt ihr wahres Gesicht!"

Auf der anderen Seite des Hauses fährt ein
Auto in den Hof. Auf der Rückbank sitzt Graf
Falko von Falkenstein mit seinem Butler
Dagobert. Überrascht sieht Frau Martin die
Aufschrift „Justiz".

Eine stämmige Person in Uniform steigt aus.
„Justiz Rotenbrunn, Kommissarin
Lindenberg", stellt die Frau sich vor. „Der
Vorwurf des Betrugs wurde fallengelassen",
erklärt sie. „Aber es liegen Beweise vor,
dass Graf Falko bei der Geburt im
Krankenhaus vertauscht wurde."

Die anderen kommen aufgeregt hinzu. Tina
fragt die Kommissarin nach den Beweisen.
„Wir haben einen Gentest vorliegen", erklärt
sie mit einem seltsamen Lächeln. „Seine
wahre Mutter ist arm und nicht adelig.
Deswegen ist er jetzt kein Graf mehr und
darf das Schloss ab sofort nicht mehr
betreten!"

Sie übergibt Graf Falko eine Mappe.

Bibi fragt verwundert: „Was für ein Gentest soll denn das sein?"

„Vom neuen Grafen. Er ist der wahre Erbe!", antwortet die Kommissarin.

Graf Falko blättert in den Papieren. Er findet seinen neuen Namen: Hans-Jürgen Zuunterst! Er ist entsetzt.

„Ich empfehle mich, Herr Zuunterst", verabschiedet sich die Frau und lacht fies.

Die Haarprobe

Bibi ist misstrauisch, obwohl ihre Hexennase nicht juckt. Tina schlägt vor, dass Alex' Vater auch einen Gentest machen soll. Ihr Freund erinnert sich an den Zopf seiner Urgroßmutter. Er befindet sich in der Gemäldegalerie. Sie müssen ein Haar davon mit dem Haar seines Vaters vergleichen lassen. Dann können sie die Verwandtschaft herausfinden. Eilig machen sie sich auf den Weg ins Schloss.

Alex klingelt am Eingangsportal. Ein Mann in karierter Hose und Jackett mit Wappen öffnet. Alex sagt empört: „Das ist der Anzug meines Vaters!"

Der neue Graf kichert: „Tja! Steht mir doch viel besser als ihm!"

Er zieht ein Monokel aus der Brusttasche und beäugt die drei Jugendlichen.
Plötzlich wirft er das Monokel auf den Boden und tritt es kaputt. Zack – fällt die Tür wieder ins Schloss.
Jetzt reicht es aber! Alex gibt den Mädchen ein Zeichen. Sie folgen ihm zur Rückseite des Schlosses.

Sie klettern durch den Keller ins Schloss.
Dann schleichen sie zur Gemäldegalerie.
Alex zieht vorsichtig ein Haar aus dem
Zopf seiner Urgroßmutter.
Im selben Augenblick hören sie den neuen
Grafen. Nichts wie weg hier!

Drei Wünsche

Bibi, Tina und Alex reiten zurück zum Martinshof. Alex, sein Vater und Dagobert wohnen auch dort, seitdem der neue Graf im Schloss lebt.

Alex hat eine Bitte. Bibi und Tina sollen seinem Vater nichts über den neuen Grafen sagen. Denn das würde ihm den Rest geben. Dann reitet er vor.

„Echt jetzt?", hören die beiden Mädchen eine Stimme. Disturber hat sie belauscht.

„Ach, der Papa darf nichts erfahren?
Ich bin eigentlich verschwiegen
wie ein Grab", sagt sie lauernd.
Tina ahnt nichts Gutes und unterbricht sie:
„Nach *eigentlich* kommt immer ein Aber!"
Disturber antwortet: „Aber oder andererseits.
Eene meene voll nicht viel, drei
Hex-Wünsche erfüllst du mir ganz schnell!
Hex-hex!" Sie grinst über ihren schlecht
gereimten Hexspruch.
Bibi und Tina haben trotzdem verstanden.
Disturber verrät nichts, wenn Bibi ihr drei
Hex-Wünsche erfüllt. Tina ist empört. Aber
Bibi lässt sich darauf ein. Hauptsache, alles
bleibt geheim!

Disturber überlegt, wie sie Bibi richtig ärgern
kann. Als Erstes soll Bibi ihre geliebte
Sabrina so klein hexen wie ein Pony. Bibi
entschuldigt sich liebevoll bei ihrem Pferd
und hext:

„Eene meene ohne Groll, als Pony klein genauso toll. Hex-hex!" Nun ist Sabrina ganz klein – allerdings auch sehr süß. Tina grinst.
Disturber ist genervt: „Könnt ihr mal aufhören zu grinsen!"

Da fällt ihr der nächste Wunsch ein. Bibi soll ihr eigenes Lächeln weghexen.
Bibi nickt gleichmütig: „Eene meene meck, mein Lächeln ist jetzt weg. Eene meene muh, ich seh aus wie du. Hex-hex!"
Plötzlich hängen Bibis Mundwinkel nach unten und sie hat raspelkurze Haare wie Disturber.

Das findet Disturber gar nicht lustig. Aber sie hat schon eine neue Idee: „Bibi! Was ist Tinas allergrößte Angst?"

Bibi antwortet bestimmt: „Tina hat vor gar nichts Angst."

Disturber geht zu Tina und schaut sie bohrend an: „Spinnen, Schlangen, Mäuse?"

Tina schluckt beim letzten Wort. In Wahrheit hat sie große Angst vor Mäusen.

Disturber freut sich: „Los Bibi! Hex sie zu den Mäusen!"

Bibi will Tina das nicht antun. Tina besteht
jedoch darauf. Also erhebt Bibi ihre Arme
und hext: „Eene meene wird nicht heller.
Tina muss jetzt in den Keller. Hex-hex!"
Und schon ist Tina weg. Bibi wird sehr
unruhig. Doch im nächsten Augenblick
kommt ihre Freundin aus dem Keller zurück.
Grinsend hält sie ein Mäuschen in der Hand
und sagt: „Mäuse sind eigentlich ganz
putzig!"

Bibi und Tina lachen.
Disturber muss zugeben: „Bravo! Diese
Runde geht ans Li-La-Laune-Team. Aber
das Lachen wird euch noch vergehen!"

Fundstücke

Am nächsten Morgen ist in Falkenstein richtig was los. Auf dem Feld des Mühlenhofbauern wurden Meteoriten gefunden. Das Gelände wird von Menschen in weißen Schutzanzügen nach weiteren Fundstücken abgesucht. Sie sind von der Schutzbehörde.

Auch Spooky ist schon unterwegs. Sie trifft auf Freddy, der ihr begeistert seine Hilfe anbietet.

Plötzlich stehen sie vor einem Erdloch.
Darin liegt eine Box. Es ist das Teil, das vom
Raumschiff abgebrochen war. So etwas hat
Spooky noch nie gesehen. Sie will unbedingt
herausfinden, was das für ein Gegenstand ist.

Auf dem Martinshof mahnt Frau Martin zur
Eile: „Wir müssen Kartoffeln ernten. Beim
Mühlenhofbauern ist schon alles abgesperrt."
Freddy und Spooky gehen mit aufs Feld.
Sogar Graf Falko will helfen. Nur Disturber
fehlt. Sie schläft noch.

Als alle schwer beschäftigt sind, kommt Funky Fröhlich von Radio Flamingo vorbei. Sie befragt die Kinder: „Was haltet ihr von

dem Meteoriten-Hagel? Ängstigt euch das?" Spooky verneint sofort: „Auf keinen Fall! Ich vermute, dass dieser Stein-Meteorit vom Mars stammt."

Sie fährt fort: „Zudem deutet die Struktur des Steins darauf hin, dass er von Wasser geformt wurde. Und wo Wasser ist, da kann auch Leben sein."

Freddy schaut Spooky bewundernd an. Was sie alles weiß!

Funky wird ganz aufgeregt: „Du meinst, auf dem Mars könnte es außerirdisches Leben geben ... also Aliens?"

Spooky zuckt mit den Schultern: „Wenn man es so sagen will ... ja, Aliens."

Begeistert wendet sich Funky Fröhlich an ihre Hörer: „Aliens über Falkenstein? ..."
Als sich ein Transporter dem Feld nähert, eilen Spooky und Freddy davon. Der Transporter ist von der Schutzbehörde. Spooky will ihr Fundstück verstecken.

Kurz darauf fährt ein LKW vor. Schon wieder wird die Arbeit gestört! Ein Kartoffelhändler steigt aus. Großspurig spricht er Graf Falko an: „Sind Sie nicht der ehemalige Graf, der alles verloren hat? Einen Tag ernten – das ist vielleicht ganz lustig – aber machen Sie das mal jeden Tag!"
Falko ist verstört. Wie redet dieser Kartoffelhändler denn mit ihm!

Bibi und Tina haben ein ganz anderes Problem. Denn da kommt Disturber auf Sabrina! Wütend stellt Bibi sich ihr in den Weg: „Sag mal, spinnst du? Wieso reitest du auf Sabrina?"

Disturber antwortet cool: „Sie war noch da und ihr wart weg."

Bibi bemerkt, dass Sabrina am ganzen Körper zittert. Erschrocken hält sie inne. Was hat Disturber mit Sabrina gemacht?

Sabrina ist krank

Auf dem Martinshof wird Sabrina von Robert
Eichhorn untersucht. Sie hat Fieber und
erweiterte Pupillen. Außerdem will sie nicht
fressen. Der Tierarzt vermutet eine
Vergiftung. Er fragt, ob sie etwas
Ungewöhnliches gefressen hat.
Tina schüttelt den Kopf: „Eigentlich passen
wir immer auf."
Bibi hat einen Verdacht. Sie sagt leise:
„Aber Disturber nicht."

Sabrina soll äppeln. Deswegen führen
Bibi und Tina die Stute über den Hof.
Da sieht Bibi Disturber. Sie stellt sie zur Rede:
„Hast du Sabrina mit irgendetwas gefüttert
oder an irgendetwas knabbern lassen?"
Disturber ist verwundert: „Hä?! Wieso?"
Bibi antwortet ungeduldig: „Du warst doch
als Letzte mit ihr unterwegs. Ohne zu fragen.
Jetzt hat sie eine Vergiftung!"
„Und du denkst, ich war das?", fragt Disturber
betroffen.

Bibi sagt scharf: „Ich will nur wissen, was sie gefressen hat."

Jetzt wird Disturber richtig wütend: „Klar! Logo! Pferde zu killen ist mein absolutes Lieblings-Hobby! Der Gaul wird sowieso irgendwann sterben, so wie wir alle. Willkommen in der Wirklichkeit!"

Damit rennt sie weg. Bibi und Tina sehen ihr fassungslos hinterher.

Disturber sucht Unterstützung bei Silence: „Weißt du, was Bibi denkt? Dass ich Sabrina vergiftet habe! Vielleicht hat sie im Wald irgendwo rumgeknabbert, aber …"

Silence guckt nachdenklich. Er hatte Sabrina Äste gebracht. Waren die vielleicht giftig? Disturber fühlt sich erneut angegriffen.

„Warum guckst du so? Wenn du etwas sagen willst, dann sag es. Aber entschuldigen werde ich mich nicht!"

Wütend stürmt sie davon.

Frau Martin und Holger schälen abends in der Küche Kartoffeln. Das Radio läuft. Funky Fröhlich moderiert die Nachtsendung und fragt: „Glauben auch Sie an die baldige Ankunft von Aliens? Rufen Sie mich an!" Frau Martin wird nachdenklich: „Ankunft von Aliens – damit sollte man vorsichtig sein."

Sie ahnen nicht, dass tatsächlich ein Alien in Falkenstein unterwegs ist. Es ist der Fahrer des Raumschiffes. Er sucht seine Box, die er beim Zusammenprall verloren hat. Bisher hat ihn keiner bemerkt, aber wie lange noch?

Rückkehr nach Schloss Falkenstein

Bibi und Tina haben aus Sorge um Sabrina im Stall übernachtet. Sie wollten sie nicht allein lassen.

Am nächsten Morgen plumpst etwas direkt neben den beiden ins Stroh. Bibi ist sofort hellwach. Sabrina äppelt! Sie springt auf und umarmt erleichtert ihr Pferd. Auch Tina strahlt. Endlich geht es Sabrina wieder besser!

Alex kommt eilig zu ihnen. Der Gentest ist angekommen. Schnell rennen sie ins Haus. Alex zeigt Graf Falko den Brief: „Vater, du bist ganz eindeutig und ohne Zweifel Graf Falko von Falkenstein!"

Alle jubeln. Bibi kombiniert: „Aber wenn der Gentest echt ist …"

Tina fährt fort: „… war der andere falsch!"

Graf Falko triumphiert: „Haha! Betrug! Ich habe es gewusst!"

Da kommt Silence. Er hat die Pflanzen in der Hand, die er Sabrina gegeben hatte. Es ist Robinie! Bibi und Tina erkennen das sofort. Dieser Baum ist total giftig für Pferde.

Bibi hat ein schlechtes Gewissen: „Ich habe Disturber verdächtigt. Ich muss sofort mit ihr reden. Komm mit, Tina!"
Sie laufen zu Disturbers Schlafplatz. Bibi ruft laut ihren Namen. Tina entdeckt, dass ihr Rucksack weg ist. Disturber ist verschwunden!

In der Zwischenzeit erreichen Graf Falko, Alex und Dagobert das Schloss. Zwei Kinder kommen ihnen mit einem riesigen Fernseher entgegen. Hektisch versucht der Graf, die Kinder zu stoppen. Aber diese lassen sich nicht beirren: „Geschenkt ist geschenkt. Wiederholen ist gestohlen!"

Falko horcht auf. Er will wissen, wer ihnen das geschenkt hat. „Naja, der neue Chef", antworten die Kinder.

Alex fragt die Kinder, wo dieser neue Chef ist. Die Kleinen zeigen aufs Schloss.

Als die drei das Schloss betreten, erstarren sie. Welch eine Unordnung! Alex macht sich sofort auf die Suche nach dem falschen Grafen. Doch er findet ihn nicht. Falko holt auf der Terrasse noch einmal den Gentest hervor.

Er fühlt sich persönlich angegriffen: „Das ist ein Angriff auf mein Innerstes! Aber es ist mein Zuhause! Hier steht es: 77 Prozent Falkensteiner Ursprungs!"

Alex wundert sich: „Und was ist mit dem Rest?"

Falko nimmt sein Monokel und liest nach: „Moment. 23 Prozent Transsilvanien! Da lebt doch ..."

Alex ergänzt scherzhaft: „... Graf Dracula?"
Plötzlich ist der Graf davon überzeugt, dass
er ein Vampir ist.

„Dagobert!", ruft er dem Butler zu. „Bleiben
Sie mir fern! Ich kann für nichts mehr
garantieren. Schließt die Vorhänge! Sofort!"
Damit zieht er sich in das Schloss zurück.

Der falsche Graf hat sich im Kellerraum
unter der Veranda versteckt und gelauscht.
Jetzt schleicht er davon: „Du wirst dich noch
wundern, wer ICH in Wirklichkeit bin, Falko!"

Hotel Famous Race

Ratlos sitzen Frau Martin, Bibi, Tina, Holger und Silence in der Küche. Bibi will Disturber suchen. Frau Martin findet Bibis Plan gut. Silence gibt Bibi eine Zeichnung. Darauf erkennt man ein Hotel und einen Papagei. Tina liest: „Hotel *Famous Race*."

Entschlossen richtet sich Bibi auf: „Weißt du, wo das ist? Ich reite dahin!"

Silence nickt. Tina schließt sich Bibi an: „Ich komm mit! Kein Abenteuer ohne mich!"

Das Motorsport-Hotel *Famous Race* liegt mitten im Grünen. Ein Page hält die drei auf, weil das Hotel nur für prominente Gäste ist. Aber die Freunde lassen sich nicht fortschicken. Sie wollen die Chefin sprechen. Als der Page einfach verschwindet, hat Bibi eine Idee: „Na, warte! Eene meene Trend, wir sind jetzt prominent. Hex-hex!"

Und schon sitzen sie in einer Hochzeitskutsche und fahren selbstbewusst auf die Rennstrecke.

Im selben Moment rauscht die Chefin heran.
Sie stellt ihr Motorrad ab und fragt scharf:
„Caspar, warum lässt du diese Pferde-Ökos
auf das Gelände?"
Der Page schaut betreten zu Boden.
Bibi antwortet höflich: „Wir suchen Disturber,
äh, Marie Therese."

Tina ergänzt:
„Ihre Tochter!
Ist sie hier?"
Disturbers
Mutter
Mercedes
antwortet kühl:
„Nicht, dass
ich wüsste.

Was hat sie denn jetzt schon wieder
angestellt? Sie ist wie ihr Vater. Ich habe ihr
wirklich alles ermöglicht. Sie war auf den
besten Schulen und Internaten."
In Bibi regt sich Widerstand:

„Haben Sie Disturber auch nur einmal gefragt, was sie will? Oder einfach nur, wie es ihr geht?"

Aber Mercedes wischt ihre Argumente weg: „Seit wann werden Kinder gefragt? Ich wurde als Kind auch nie gefragt."

Laut entgegnet Bibi: „Reden hilft immer!"

Sie gehen zurück zur Rennstrecke.

Caspar fragt leise: „Warum habt ihr mir nicht einfach gesagt, dass ihr zu Disturber wollt?"

Die drei schauen ihn erstaunt an. Er zeigt auf einen Wohnwagen am Rand der Rennstrecke.

An der Tür hängt ein Schild: „Do not disturb." Tina übersetzt: „Bitte nicht stören!" Und Bibi sagt grinsend: „Das passt!"
Im Wohnwagen findet sich keine Spur von Disturber. Nur der Vogel, den Silence gezeichnet hat, sitzt auf seiner Stange.
Caspar erklärt: „Ich füttere immer ihren Papagei."
Seufzend fragt Bibi: „Aber wo ist Disturber?"
Der Papagei krächzt heiser: „Disturber, Disturber!"

Eine unheimliche Begegnung

Disturber läuft durch den dichten Wald. Sie entdeckt zwischen den Bäumen einen Wohnwagen. Darauf steht: „Fliegendes Theater Victor Arscher." Sie klopft ans Seitenfenster. Victor Arscher guckt, wer geklopft hat. Verblüfft stellt er fest: „Augenblick mal, dich kenn ich doch!"

Disturber schaut ihn genau an: „Ich dich auch – vom Feld! Du warst doch der Kartoffelhändler. Aber da hast du ein bisschen anders ausgesehen. Und du hast als Kommissarin Graf Falko gebracht!"
Arscher erschrickt, aber Disturber fährt fort: „Keine Sorge, ich verpfeife dich nicht. Aber nur, wenn du mir etwas zu essen gibst!"

Im Wagen isst Disturber hungrig ein belegtes Brot. Arscher beobachtet sie: „Ja, ja, so sind die Falkensteiner. Von außen die liebsten Menschen. Aber dann kommt der Tag, da sind sie deiner überdrüssig. Weißt du, was ich meine? Ich wurde verstoßen, gemobbt, so wie du!"
Da lacht Disturber: „Ach ja? Ich lass mir gar nichts gefallen."
Arscher lacht auch: „Genau! Aber meinst du nicht auch, doppelt hält besser?"
Disturber schaut ihn fragend an.

Arscher fährt fort: „Du gegen Bibi. Ich gegen Falko. Wir gegen die Falkensteiner!"
Disturber zögert kurz. Dann hat sie eine Idee! Ganz Falkenstein hat doch Angst vor Aliens. Sie grinst: „Ich weiß auch schon wie. Wir machen Kornkreise! Ich sage nur: Panik schüren!"

Währenddessen reiten Bibi, Tina und Silence nach Hause. Sie kommen an einem schönen See vorbei. Frösche quaken. Doch Bibi hat kein Auge dafür.

Tina betrachtet sie besorgt und schlägt vor, dort die Nacht zu verbringen. Es wird nämlich bald dunkel.

Bibi und Silence sind einverstanden. Sie zügeln die Pferde und rasten.

Die drei sitzen an einem Feuer. Die Pferde grasen. Tina hat gerade mit Alex telefoniert. Sie erzählt: „Alex' Vater dreht jetzt total durch. Er denkt, er sei ein Vampir."

Doch Bibi ist in Gedanken ganz woanders: „Eigentlich klar, warum Disturber so ist."

Tina ist genervt: „Disturber, Disturber, Disturber! Können wir sie mal für einen Moment vergessen? Sie versucht einfach krampfhaft, Aufmerksamkeit auf sich zu ziehen!"

Bibi widerspricht: „Es ist ja auch kein Wunder bei der Mutter." Dann hält sie erstaunt inne: „Bist du eifersüchtig?"

Tina antwortet traurig:

„Ich ziehe nicht so viel Aufmerksamkeit auf mich. Ich bin eben einfach nur normal."

Das kann Bibi nicht so stehen lassen: „Du bist nicht einfach nur normal! Auf dich kann ich mich immer verlassen. Bei dir kann ich ICH sein. Das ist etwas ganz Besonderes. Und jetzt haben wir Ferien!"

„Genau!", sagt plötzlich Silence. Die zwei gucken überrascht: „Du kannst sprechen?"

Silence grinst: „Klar kann ich sprechen. Aber ungern. Es wird einfach zu viel geredet."

Die Unruhestifter

Nach der Aktlon im Kornfeld ruft Arscher bei Radio Flamingo an. Er spricht mit verstellter Stimme: „Ich wollte kurz nach meinem Hund gucken. Er war draußen und hat gebellt. Und da traf mich dieses Licht ...“

Funky Fröhlich fragt besorgt: „Was für ein Licht?“

„Vom Himmel!“, übertreibt Arscher. „Und dann ist etwas mitten im Kornfeld gelandet! Es sah nicht normal aus ... Ich muss auflegen, ich ...“ Abrupt beendet er das Telefonat.

Disturber grinst: „Und morgen geht es ab!“

Aus Unruhe wird Panik

Am nächsten Tag reiten Bibi, Tina und
Silence zurück. Doch was ist da los?
Am Kornfeld parken Autos, Traktoren und
Mopeds. Tina fragt sich, ob wieder
Meteoriten eingeschlagen sind.
Freddy kommt aufgeregt zu ihnen: „Spooky!
Sie macht rüber!"
Bibi versteht nicht: „Wo rüber?"
Freddy antwortet hastig: „Na, ins Weltall!
Hast du nicht die Kornkreise gesehen? Ich
habe es mir auch schon überlegt. Aber was
soll ich denn im Weltall, Tina? Dort sind alle
schwerelos – und ich? Ich bin einfach so ein
bodenständiger Typ. Und dieses trockene
Futter aus den Tüten ... Ich brauche etwas
Richtiges zwischen die Kiemen! Was muss
ich tun, damit Spooky bei mir bleibt?"
Tina lächelt: „Sag ihr einfach, was du fühlst."
Bibi ergänzt: „Und vielleicht solltest du sie
loslassen, statt sie festzuhalten."

Bibi und Tina treffen auf dem Feld Alex. Misstrauisch beobachten die drei einen merkwürdig gekleideten Mann und eine schmale Person in einer schwarzen Kutte mit dunkler Sonnenbrille. Der Mann spricht in ein Mikrofon. Er klingt dabei wie ein Prophet. Laut ertönt seine Stimme: „Man hat uns doch die ganze Zeit für dumm verkauft! Natürlich waren wir nicht allein. Sie waren da! Und sie werden wiederkommen!"

Inzwischen ist es dunkel geworden.

Dagobert hatte im Radio erfahren, dass es einen Aufruhr gab. Er konnte Graf Falko überreden, hinauszugehen.

Auf dem Feld haben sich noch mehr Menschen versammelt. Der scheinbare Prophet ist niemand anderes als Victor Arscher. Er fordert alle auf: „Und jetzt ruft: ‚Wir heißen euch willkommen!'"

Alle wiederholen laut im Chor: „Wir heißen euch willkommen!"

Graf Falko ist fassungslos und buht sie aus.

Dieses Buh lässt Arscher aufhorchen. Er dreht sich zu Graf Falko und ruft: „Aha! Wir haben einen Zweifler unter uns. Bald werden wir sehen, wer zuletzt lacht!"

Jetzt reicht es Bibi. Kurz entschlossen hebt sie ihre Hände: „Eene meene heller Mondenschein, möcht ein gruseliger Alien sein. Hex-hex!"

Im nächsten Augenblick schwebt sie als Alien in die Höhe. Sie will zeigen, wie absurd das alles ist.

Doch die Zuschauer und Zuschauerinnen schreien entsetzt auf: „Ein Alien! Das ist ein Alien! Hilfe!"
Ein großes Durcheinander entsteht und alle rennen davon.

Der Streit

Disturber und Arscher kommen zurück zum Theaterwagen. Arscher ist total überdreht. „Super abgeliefert!", freut er sich. „Na? Bin ich nicht ein genialer Verwandler? Mein Plan ist voll aufgegangen."

„Dein Plan?", sagt Disturber sauer. „Das mit den Kornkreisen war meine Idee!"

Arscher starrt sie verdutzt an: „Willst du dich jetzt hier mit fremden Federn schmücken? Hat Graf Falko mich erkannt? Ich glaube nicht!"

Disturber reicht es jetzt: „Aber hat er dir geglaubt? Hat er dich ernst genommen? *Buh!* Das habe ich ganz deutlich gehört."

Arscher entgegnet aufgebracht: „Willst du mir jetzt hier die Show stehlen?"

Doch Disturber setzt noch eins drauf und kontert: „Schon passiert!"

Jetzt wird Arscher richtig wütend: „Pass mal auf! Ich lass mir doch von so einer kleinen Rotzgöre nicht auf der Nase herumtanzen!"

Er packt Disturber und schiebt sie in sein Auto. Sie fahren zu einem verfallenen Haus. „Hier kannst du schreien, solange du möchtest. Hier hört dich keiner!", brüllt er sie an. Dann sperrt er das Mädchen in einen Verschlag.

Disturber wird befreit

Bibi – nun kein Alien mehr – Tina, Alex,
Silence, Graf Falko und Dagobert
versammeln sich zu einer Krisensitzung.
Zuerst entschuldigt sich Bibi für ihre Alien-
Hexerei. Sie wollte nur zeigen, wie lächerlich
das Ganze ist. Dann überlegt sie: „Ich bin
mir sicher, dass das Disturber war."
„Und wer war der andere?", fragt Tina.
Alex hat eine Vermutung: „Das muss doch
irgendwie zusammenhängen. Ich habe im
Kommissariat angerufen und es gibt
überhaupt keine Kommissarin namens
Lindenberg."
Da legt Silence seine Zeichnungen von der
Kommissarin, dem Propheten und dem
Kartoffelhändler auf den Tisch. Sie alle
haben denselben Mund, dasselbe Grinsen.
Bibi fällt plötzlich auf: „Der neue Graf! Der
sieht genauso aus!"

Alex kommt ein Gedanke: „Vater, hast du Feinde?"

Falko weist das empört von sich: „Nein! Dazu habe ich wirklich nie einen einzigen Anlass geboten!"

Am nächsten Morgen reiten Bibi, Tina, Alex und Silence los, um Disturber zu suchen.

Nach einer Weile stehen die vier ratlos an einer Weggabelung. Bibi kann keine Spur zu Disturber hexen.

Tina wendet sich an Silence: „Du würdest doch alles tun, um Disturber zu finden, nicht wahr?"

Silence nickt. Bibi hebt schnell ihre Hände: „Eene meene ungeschoren, Silence hat jetzt scharfe Ohren. Hex-hex!"

Und schon hat er Ohren wie ein Pudel.

Aber es geht noch weiter: „Eene meene voll gesund, Silence wird nun ganz zum Hund. Hex-hex!"

Prompt steht ein großer Pudel vor ihnen. Er nimmt Witterung auf und rennt mit wild schlackernden Ohren los.

Bibi, Tina und Alex folgen ihm auf ihren Pferden durch den Wald.

Plötzlich erreichen sie ein verfallenes Haus. Was ist das?

Da ruft doch jemand! Tatsächlich! Sie hören eine verzweifelte Stimme: „Hallo? Hier bin ich! Hier!"

Der Pudel bellt aufgeregt. Er hat sich vor den Eingang eines Verschlags gesetzt. Bibi, Tina und Alex rennen zu ihm. Der Verschlag ist mit Efeu überwuchert. Kein Wunder, dass Bibis Hexereien nicht funktioniert haben!

Sie reißen eilig die Ranken weg.

Bibi erhebt ihre Arme: „Eene meene Knauf, das Schloss, das geht jetzt auf. Hex-hex!"
Schon springt das Schloss auf.
Disturber fällt Bibi tränenüberströmt in die Arme: „Er hat mich einfach allein gelassen, der Idiot!"

Bibi erwidert überrascht die Umarmung und tröstet sie: „Wir sind doch jetzt da. Du bist nicht mehr allein."

Alex ergänzt: „Ja, wir haben dich gesucht."

Disturber ist gerührt: „Ach, echt? Ihr alle?"

Tina zeigt auf den Pudel: „Und Silence hat dich aufgespürt."

Alex reicht Disturber ein Taschentuch. Er fragt sie, was Arscher von seinem Vater will.

„Rache", antwortet Disturber.

„Und zwar an deinem Vater."

Alle schauen sich alarmiert an. Sie müssen den Grafen retten!

Liebe muss fliegen

Währenddessen ist Freddy mit Spooky zu
der Werkstatt seiner Kumpels gefahren. Er
will ihr helfen, das Geheimnis der Box zu
lösen. Vielleicht bleibt Spooky dann auf
der Erde.
Einer seiner Freunde hat eine Flex und
versucht vergeblich, die Oberfläche zu
durchdringen.

Spooky ist nicht überrascht: „Ich sag doch, das ist nicht von dieser Welt."

„Von welcher Welt denn dann? Star Wars oder was?", will ein anderes Mädchen wissen.

Spooky erklärt: „Solange es keinen Gegenbeweis gibt, ist alles möglich. Die Astronomie ist fast so alt wie die Menschheit selbst. Und erst im letzten Jahrhundert sind die ersten Menschen zum Mond geflogen. Würdet ihr nicht auch gern mal auf einem anderen Planeten leben?"

Freddys Freunde sind verwirrt – genauso wie Freddy. Aber er hat verstanden, was Bibi mit dem Loslassen gemeint hat. Er kann Spooky nur halten, wenn sie das selbst will. Voller Bewunderung schaut er seine neue schlaue Freundin an.

Liebe muss fliegen!

Die Gegenüberstellung

Auf Schloss Falkenstein herrscht wieder Ordnung. Alle haben beim Aufräumen mitgeholfen. Graf Falko sitzt an seinem Schreibtisch und sortiert seine Papiere. Draußen klingelt es Sturm. Da Dagobert nicht öffnet, muss Falko selbst zur Tür gehen. Plötzlich hängt ein Vampir neben ihm und grinst breit. Seine spitzen Zähne kommen zum Vorschein.

Graf Falko schreit auf. Er rast panisch davon. Der Vampir ist kein anderer als Arscher. Er folgt Falko in den Keller.

Bibi, Tina, Alex, Silence und Disturber erreichen das Schloss. Sie hören Falkos Schreie. Schnell springen sie von den Pferden und eilen ebenfalls in den Keller. Sie sehen gerade noch, wie Falko in einen Sarg steigt. Wie gruselig!
Arscher jubelt. Endlich kann er seine Rache an Graf Falko vollziehen.

Disturber ruft laut: „Victor Arscher? Buh!"
Und Bibi hext: „Eene meene
Verkleidungs-Twist, zeig uns, wer du wirklich
bist. Hex-hex!"

Plötzlich steht Victor Arscher in seinem
Schauspieler-Bademantel vor ihnen und
nimmt das Plastikgebiss aus seinem Mund.
„Du bist doch Fritz ... Fritze Lahm. Du warst
mit mir in der Schule!", erkennt ihn Graf
Falko erstaunt.

Die Auflösung

Die Freunde wollen wissen, was passiert ist. Widerstrebend erzählt Arscher seine Geschichte.

Als er 14 Jahre alt war, ging er aufs Internat und spielte dort Theater. Seine Theater-AG führte *Romeo und Julia* auf. Arscher bekam die Hauptrolle. Er spielte Romeo und hatte sich gut vorbereitet. Aber es war so viel Text!

Endlich war die Premiere da. Doch dann, mitten im Stück, vergaß er plötzlich, was er sagen musste. Ihm fiel einfach nichts mehr ein. Er stammelte, stotterte und suchte die richtigen Worte.

Im Zuschauerraum wurde gekichert. Die Schüler machten sich über ihn lustig. Es flogen sogar Papierflieger auf die Bühne. Zusätzlich ertönte ein dickes, fettes *Buh!* Das kam vom jungen Grafen Falko, der damals schon ein Monokel trug.

Schließlich stimmten alle in das Lachen mit ein – sogar Julia!

Wütend sprang Arscher von der Bühne und wollte sich auf Falko stürzen. Doch er wurde von den Mitschülern aufgehalten, die immer lauter lachten.

Victor Arscher sieht Falko an. „Ich werde nie vergessen, wie du mich damals ausgelacht hast. Ich wurde jahrelang gemobbt. Irgendwann habe ich die Schule gewechselt.

Aber trotz allem war ich zu einer Sache fest entschlossen. Ich wollte dir beweisen, dass ich ein guter Schauspieler bin", endet er.

Die Kinder hören mitleidig zu. „Vater, war das so? Hast du ihn gemobbt?", fragt Alex den Grafen streng.

Der Graf sieht Alex geschockt an. Es fällt ihm schwer, doch er räuspert sich: „Gut, ich gebe es zu, das war nicht fair. Ich war ein bisschen neidisch auf Fritz, weil er sich etwas getraut hat. Ich möchte mich entschuldigen."

Victor Arscher ist sichtlich bewegt: „Angenommen! Ich war getrieben von Rache. Dafür möchte ich mich auch entschuldigen."

Alle schauen Falko an. Der Graf reicht Victor die Hand: „Ich nehme die Entschuldigung an und sehe von einer Anzeige ab."

Dann entschuldigt sich Arscher bei Disturber. Sie geben sich ebenfalls die Hand.

Anders ist gut!

Abends machen es sich alle an einem
Lagerfeuer gemütlich. Freddy, Spooky
Disturber und Silence – alle sind glücklich.
Bibi schaut in den Nachthimmel: „Wir sind
vielleicht klein und bedeutungslos ..."
Tina unterbricht sie: „Aber ... anders!"
Bibi grinst: „Das ist auch wichtig!"

Da fährt ein Motorrad auf den Hof. Frau Martin freut sich. Sie hat Disturbers Mutter eingeladen. Mercedes geht zu ihrer Tochter und umarmt sie behutsam. Disturber schaut sie überrascht an und lächelt dann.

Plötzlich geht das Licht auf dem Hof an. Es wird ganz still. Alle schauen sich um.

Im hellen Schein der Lampen erscheint das Wesen aus dem Raumschiff. Spooky hat sofort eine Idee. Ganz ruhig steht sie auf und holt die runde Box aus dem Beiwagen von Freddys Maschinchen. Sie überreicht dem fremden Wesen den Gegenstand. Dankbar presst der Alien die Box an sich.

Langsam kehrt Spooky zurück ans Feuer. Ist das wirklich gerade passiert?

Danach feiern alle gemeinsam. Sie singen und tanzen. Und in einem sind sich alle einig: Anders ist gut!

Die Autorinnen

Bettina Börgerding hat als Kind bergeweise Bücher gelesen. Danach wurden auch andere Dinge interessant, zum Beispiel Kino und Filme. Ihre Hobbys wurden ihr Beruf. Sie hat sich die Drehbücher zu allen Bibi & Tina-Filmen ausgedacht. Es hat ihr sehr viel Spaß gemacht, die Erstlesebücher zu den Filmen zusammen mit Wenka von Mikulicz zu schreiben. Gemeinsam mit ihrer Familie lebt sie in Berlin.

© Monic Johanna Schmidheiny

Wenka von Mikulicz arbeitet in einer Filmproduktion. Gemeinsam mit der Autorin Bettina Börgerding und dem Regisseur Detlev Buck hat sie die Drehbücher zu den Bibi & Tina-Filmen entwickelt. Sie hatte sehr viel Freude daran, die Erstlesebücher zu den Filmen mit Bettina Börgerding von der Leinwand aufs Papier zu bringen. Wenka von Mikulicz lebt mit ihrer Familie in Berlin.

Aussprache-Hinweise für Erstleser

In diesem Buch kommen schwierige Wörter
vor. So kannst du sie aussprechen:

Disturber: „Distörba"

Silence: „Seilenz"

Spooky: „Spuki"

Empathie: „Empatie"

Tricky: „Tricki"

Butler: „Battler"

Jackett: „Schakett"

Team: „Tiem"

Freddy: „Fräddi"

Funky: „Fanki"

Alien: „Ejliän"

cool: „kuhl"

Hobby: „Hobbi"

Chef: „Schäff"

Transsilvanien: „Transsilwanjen"

Famous Race: „Fejmes Rejs"

Page: „Paasche" (sprich *g* wie in *Garage*)

Do not disturb.: „Du nott distörb."

Prophet: „Profet"

Chor: „Kor"

Show: „Schou"

Star Wars: „Star Wors"

Theater: „Teater"

Premiere: „Premjere"

fair: „där"

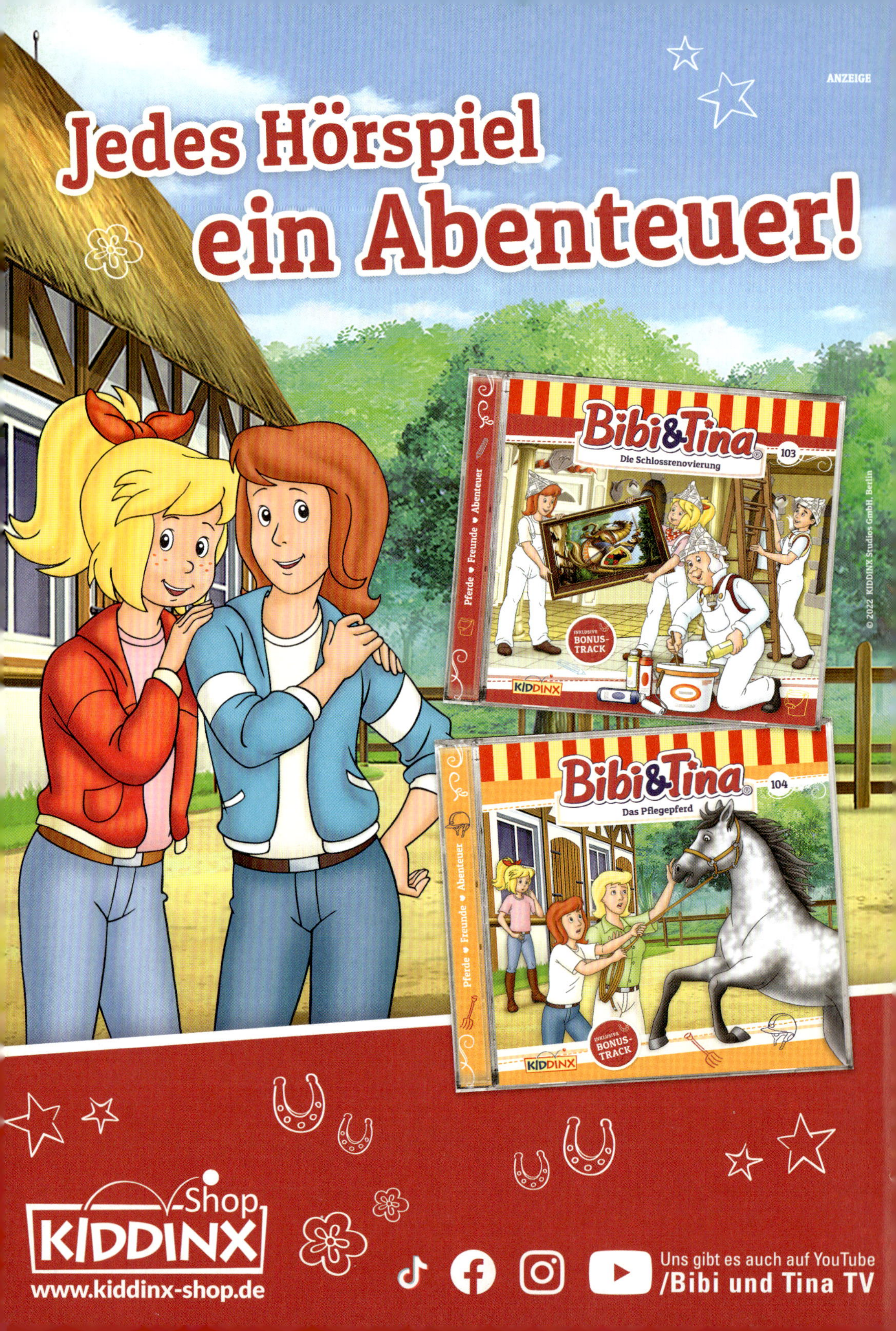
ANZEIGE
Jedes Hörspiel
ein Abenteuer!
Bibi&Tina
103
Die Schlossrenovierung
Pferde • Freunde • Abenteuer
INKLUSIVE BONUS-TRACK
KIDDINX
Bibi&Tina
104
Das Pflegepferd
Pferde • Freunde • Abenteuer
INKLUSIVE BONUS-TRACK
KIDDINX
© 2022 KIDDINX Studios GmbH, Berlin
KIDDINX Shop
www.kiddinx-shop.de
Uns gibt es auch auf YouTube
/Bibi und Tina TV

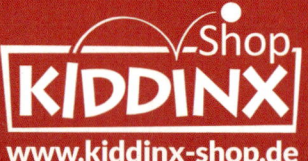

Noch mehr Lesestoff mit den beiden Freundinnen!

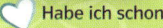

Fohlen Felix und der verflixte Schnupfen — ISBN 978-3-12-949662-6

Wo ist die Eichhörnchen-Mama? — ISBN 978-3-12-949675-6

 **Zwillingsalarm auf dem Martinshof** — ISBN 978-3-12-949640-4

 **Spuk auf dem Martinshof** — ISBN 978-3-12-949529-2

 **Hilfe, ein Lama!** — ISBN 978-3-12-949614-5

Habe ich schon. Wünsche ich mir.
Habe ich schon. Wünsche ich mir.
Habe ich schon. Wünsche ich mir.
Habe ich schon. Wünsche ich mir.
Habe ich schon. Wünsche ich mir.

 **Welpen in Gefahr!** — ISBN 978-3-12-949630-5

 **Die geheimnisvolle Flaschenpost** — ISBN 978-3-12-949676-3

 **Amadeus beim Film** — ISBN 978-3-12-949641-1

 **Mikosch haut ab!** — ISBN 978-3-12-949531-5

 **Pferde-Abenteuer am Meer** — ISBN 978-3-12-949334-2

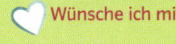

Habe ich schon. Wünsche ich mir.
Habe ich schon. Wünsche ich mir.
Habe ich schon. Wünsche ich mir.
Habe ich schon. Wünsche ich mir.
Habe ich schon. Wünsche ich mir.

 **Pferde-Abenteuer in den Bergen** — ISBN 978-3-12-949616-9

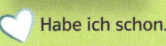 **Die Gespensterjagd** — ISBN 978-3-12-949631-2

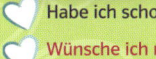

Habe ich schon. Wünsche ich mir.
Habe ich schon. Wünsche ich mir.

© 2022 KIDDINX Studios GmbH, Berlin Lizenz durch KIDDINX Media GmbH, Lahnstr. 21, 12055 Berlin

Erhältlich im Buchhandel.
Weitere Infos: www.klett-lerntraining.de

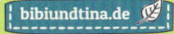